한 개의 기호로 풀리는

성경이해 황금열쇠

특강노트

한 개의 기호로 풀리는

성경이해 황금열쇠 특강노트

2017년 10월 30일·제1판 1쇄 발행

지은이 | 정구보
펴낸이 | 이요섭
펴낸곳 | 요단출판사
07238 서울특별시 영등포구 국회대로 76길 10
기　획 | (02)2643-9155~6
영　업 | (02)2643-7290~1　Fax (02)2643-1877
등　록 | 1973. 8. 23. 제13-10호

기　획 | 권혁관
편　집 | 이성준
디자인 | 오재훈
제　작 | 박태훈
영　업 | 김승훈 김창윤 이대성 정준용
이영은 김경혜 최우창 백지숙

값 8,000원
ISBN 978-89-350-1669-3 03230

요단인터넷서점 www.jordanbook.com

한 개의 기호로 풀리는

성경이해 황금열쇠

특강노트

정구보

요단

추천사

성경이해 '황금열쇠(CGT)'의 특징은 하나의 주제를 통해서 성경의 모든 진리를 풀어 나가는 새로운 성경 연구 방법입니다.

이 'CGT'는 하나의 Master Key를 가지고 잠겨 있는 모든 방의 자물쇠를 열 수 있듯이, 하나의 주제로부터 시작해서 성경의 주요 교리를 차례로 열고 들어가 쉽고 명료하게 공부하는 창의적이고 특별한 성경연구 방법입니다.

신자와 목회자들에게 큰 유익이 될 것으로 믿고 추천합니다.

– 도한호 박사
전 침례신학대학교 총장

차례

春
1장

하나님의 말씀은 우리가 어떻게 아느냐에 따라서 지식의 전달에만 그칠 수도 있고, 실제로 하나님과 나와의 깊은 사랑의 관계로 발전할 수도 있다.

> (요일 4:16) 하나님이 우리를 사랑하시는 사랑을 우리가 알고 믿었노니 하나님은 사랑이시라 사랑 안에 거하는 자는 하나님 안에 거하고 하나님도 그 안에 거하시느니라

위 말씀이 우리 삶에 있어서 '실제적인 사랑의 관계'가 되려면 무엇을 알아야 하는가?

- ▶ 하나님이 우리를 사랑하십니다.
- ▶ 우리는 하나님의 사랑을 압니다.
- ▶ 우리는 하나님의 사랑을 믿습니다.
- ▶ 하나님은 사랑이십니다.
- ▶ 사랑해야 우리가 하나님 안에 거하고 하나님이 우리 안에 거하십니다.
- ▶ 하나님은 사랑하는 사람에게 거합니다.

이렇게 말한다고 관계가 이루어지는가? 그것은 아니다. 목청을 높인다

Memo

고, 감정을 넣어 말을 한다고, 또 여러 번 반복한다고 해서 되는 것도 아니다.

⇒ 무엇인가 결국 채우지 못하는 아쉬움이 있다.
어떻게 이 말씀을 풀어야 우리 마음에 쏙 들어오는 생명의 말씀이 될 수 있을까?

그 뜻을 사전에 나오는 의미대로 풀어서 잘 전하면 되는가? 원래 어떤 말로 썼는지 어원적 접근을 해서 풀면 되는가? 역사적 접근이나, 문화적 접근으로 시대적 배경을 안다든지, 어떤 상황에서 한 말인지, 언제 어디서 누가 누구에게 말했느냐를 알아야만 하는가? 이러한 모든 것에 박식할지라도, 지식 자체가 생명이 되지는 못한다.

성경을 읽어야 함에도 불구하고 읽지 못하고 있는 신자들이 많다. 그런데 그들더러 "원어공부, 성서지리, 이스라엘 역사, 성서고고학 등을 공부하라"고 한다면, 아연실색할 것이다. 전문적 지식을 필요로 하는 사람이 아닌 이상 성경을 쉽게 읽지 못한다. 이런 일들은 주변 상황을 이해하며 동기부여에 도움을 주는 용기는 되지만 영적인 내용을 담고 있는 성경의 핵심내용은 아니다.

믿음으로 성경의 맥을 잇지 못하고 그 밖의 지식만을 쌓는다면, 성경은 다른 학문과 달리 더욱 막연한 책으로 느껴질 것이다. 믿음 가운데 예수 그리스도 안에서 성령의 역사하심을 따라 맥을 이어가면서 읽을 수 있어야 한다. 성경은 무엇과도 비교할 수 없을 만큼 진지하게 읽게 되는 살아 있는 영적 생명의 양식이 되는 것이다.

Memo

2장 夏

성경이해 황금열쇠는?

1. 여러 자물쇠들을 한 개의 열쇠로 여는 '마스터 키'와 같다.
2. '산등성이'를 타고 산행을 하는 이치와 같다.
3. 하나의 '줄'로 수많은 구슬을 꿰는 것과 같다.

*자물쇠, 산, 구슬들은 상이한 여러 모양을 가지고 있으나 Master Key, 산맥, 줄은 '하나'이다. 마찬가지로 '성경이해 황금열쇠'는 한 개의 기호로 성경이 풀리는 원리이다.

♣ 성경이해 황금열쇠의 핵심

▶ 보이신 분으로 말하면 예수 그리스도이시다.

(요 14:6) 예수께서 가라사대 내가 곧 길이요 진리요 생명이니 나로 말미암지 않고는 아버지께로 올 자가 없느니라

▶ 보이지 않는 분으로 말하면 성령님이시다.

(요 14:26) 보혜사 곧 아버지께서 내 이름으로 보내실 성령 그가

Memo

너희에게 모든 것을 가르치시고 내가 너희에게 말한 모든 것을 생각나게 하시리라

*성경의 여러 사건들, 인물들 속에 담겨진 주인공은 한 분 예수 그리스도이시며 주 안에 성령이시다. 그분이 '성경이해의 열쇠'가 되심을 한 개의 기호로 표시하여 성경의 내용을 열어 주는 것이 곧 'CGT'이다.

1. 예수 그리스도를 알고 믿으면 성경은 풀린다

1) 예수 그리스도는 역사적 진정성을 가진다(역사성)

(고전 15:3-8) 내가 받은 것을 먼저 너희에게 전하였노니 이는 성경대로 그리스도께서 우리 죄를 위하여 죽으시고 장사 지낸 바 되셨다가 성경대로 사흘 만에 다시 살아나사 게바에게 보이시고 후에 열두 제자에게와 그후에 오백여 형제에게 일시에 보이셨나니 그 중에 지금까지 대다수는 살아 있고 어떤 사람은 잠들었으며 그후에 야고보에게 보이셨으며 그후에 모든 사도에게와 맨 나중에 만삭되지 못하여 난 자 같은 내게도 보이셨느니라

2) 그러니까, 예수 그리스도는 하나님께 이르는 유일한 길이다(유일성)

(요 14:6) 예수께서 가라사대 내가 곧 길이요 진리요 생명이니 나로 말미암지 않고는 아버지께로 올 자가 없느니라

3) 결과적으로, 예수 그리스도는 사람들을 "죄의 멸망에서 구원하여 영생을 얻게 하셨다." 이로써 하나님의 의와 사랑을 나타내셨다(구원자).

Memo

(롬 4:25) 예수는 우리 범죄한 것 때문에 내줌이 되고 또한 우리를 의롭다 하시기 위하여 살아나셨느니라(칭의)

(요일 3:9) 하나님께로서 난 자마다 죄를 짓지 아니하나니 이는 하나님의 씨가 그의 속에 거함이요 저도 범죄하지하 못하는 것은 하나님께로부터 났음이라(죄를 지을 수 없는 내 안의 생명)

(롬 5:8) 우리가 아직 죄인 되었을 때에 그리스도께서 우리를 위하여 죽으심으로 하나님께서 우리에게 대한 자기의 사랑을 확증하셨느니라(그리스도 안에 있는 하나님의 사랑)

(요 5:39) 너희가 성경에서 영생을 얻는 줄 생각하고 성경을 연구하거니와 이 성경이 곧 내게 대하여 증거하는 것이니라(성경–영생–그리스도)

(요일 4:13) 그의 성령을 우리에게 주시므로 우리가 그 안에 거하고 그가 우리 안에 거하시는 줄을 아느니라(주 안에 성령– 내 안에 성령)

2. 성령은 하나님의 말씀을 깨닫게 한다

(요 14:26) 보혜사 곧 아버지께서 내 이름으로 보내실 성령 그가 너희에게 모든 것을 가르치시고 내가 너희에게 말한 모든 것을 생각나게 하시리라

1) 영생을 거둔다

(갈 6:8) 자기의 육체를 위하여 심는 자는 육체로부터 썩어질 것

Memo

을 거두고 성령을 위하여 심는 자는 성령으로부터 영생을 거두리라

2) 자유와 의와 평강과 희락이 있다

(고후 3:17) 주는 영이시니 주의 영이 계신 곳에는 자유가 있느니라

(롬 14:17) 하나님의 나라는 먹는 것과 마시는 것이 아니요 오직 성령 안에서 의와 평강과 희락이라

3) 하나 되게 한다

(고전 12:13) 우리가 유대인이나 헬라인이나 종이나 자유자나 다 한 성령으로 침례를 받아 한 몸이 되었고 또 다 한 성령을 마시게 하셨느니라

Memo

3장 秋

성경의 맥인 예수 그리스도를 나타내는 'Gospel Track'

1. 예수님은 죽으시고 부활하셨다
   (초대교회 설교의 핵심).

2. 십자가(십자가에 죽으신 예수 그리스도의 상징)로 복음을 나타냈다
   (*Constantine).

3. 하나님과 사람 사이에 '십자가'로 복음을 나타냈다(Dawson Trotman, Bill Bright, Billy Graham).

4. 성경이해 Master Key : CGT (Christ Gospel Track, 2004).

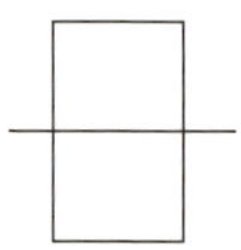

(예수 그리스도의 인성과 신성)

(마 1:20) "… 그(□)에게 잉태된 자는 성령(—)으로 된 것이라"
(요 1:14) "말씀(—)이 육신(□)이 되어 우리 가운데 거하시매 …"
(요 1:18) "본래 하나님(—)을 본 사람이 없으되 … 나타내셨느니라(□)"

Memo

CGT에 의한 성경이해 적용

기본 1. 생령이 된지라

1) 하나님과의 관계 속에 충만하라 땅을 정복하라 바다 하늘땅의 모든 생물을 다스리라

(창 1:27-28) 하나님이 자기 형상 곧 하나님의 형상대로 사람을 창조하시되 남자와 여자를 창조하시고 하나님이 그들에게 복을 주시며 그들에게 이르시되 생육하고 번성하여 땅에 충만하라, 땅을 정복하라, 바다의 물고기와 하늘의 새와 땅에 움직이는 모든 생물을 다스리라 하시니라

* 관계를 위해서 하나님은 사람을 흙으로 만드시고 그의 영을 사람에게 넣어 생령이 되게 만드셨다(Youtube에서 **"성경이해 황금열쇠"** 참조영상을 검색하시면 Gospel Track 동영상을 보실 수 있습니다).

(창 2:7) 여호와 하나님이 흙으로 사람을 지으시고 생기를 그 코에 불어 넣으시니 사람이 생령이 되니라

(여호와 하나님)　(하나님의 숨+사람⇒생령)

2) 하나님이 먹지 말라던 선악과를 먹음으로(불순종하여) 영적 죽음이 오게 되었다(멸망)

Memo

(창 2:17) 선악을 알게 하는 나무의 열매는 먹지 말라 네가 먹는 날에는 반드시 죽으리라 하시니라

(창 3:6) 여자가 그 나무를 본즉 먹음직도 하고 보암직도 하고 지혜롭게 할 만큼 탐스럽기도 한 나무인지라 여자가 그 열매를 따먹고 자기와 함께있는 남편에게도 주매 그도 먹은지라

(요일 2:16-17) 이는 세상에 있는 모든 것이 육신의 정욕과 안목의 정욕과 이생의 자랑이니 다 아버지께로 좇아 온 것이 아니요 세상으로 좇아 온 것이라 이 세상도 그 정욕도 지나가되 오직 하나님의 뜻을 행하는 이는 영원히 거하느니라

(여호와 하나님)　(영적으로 죽은 사람)

기본 2. 하나님의 자녀(요 1:12)

(창 3:21) 여호와(출 3:14) 하나님이 아담과 그의 아내를 위하여 가죽옷을 지어 입히시니라

(요 1:9-11) 참 빛 곧 세상에 와서 각 사람에게 비추는 빛이 있었나니 그가 세상에 계셨으며 세상은 그로 말미암아 지은 바(창 1:1) 되었으되 세상이 그를 알지 못하였고 자기 땅에 오매 자기 백성이 영접지 아니하였으나

(요 1:12) 영접하는 자 곧 그 이름을 믿는 자들에게는 하나님의

Memo

자녀가 되는 권세를 주셨으니

(요 1:13-14) 이는 혈통으로나 육정으로나 사람의 뜻으로 나지 아니하고 오직 하나님께로서 난 자들이니라 말씀이 육신이 되어 우리 가운데 거하시매 우리가 그 영광을 보니 아버지의 독생자의 영광이요 은혜와 진리가 충만하더라

(영-빛-말씀-생명-의-사랑)
출 3:14, 창 1:1

자물통은 열쇠를 넣어야 열수 있고, 구슬은 줄로 꿰어야 연결되고, 산은 산등성이에 올라서야 하는 것처럼 믿음은 예수님을 마음에 모시어 들이는 것, 즉 영접하는 것이다.

(예수님: 열쇠, 줄, 산등성이/ 믿음: 넣는 것, 꿰는 것, 오르는 것)

1) 믿음이 있는지 확증하라

(고후 13:5) 너희가 믿음에 있는가 너희 자신을 시험하고 너희 자신을 확증하라 예수 그리스도께서 너희 안에 계신 줄을 너희가 스스로 알지 못하느냐 그렇지 않으면 너희가 버리운 자니라

(히 11:6) 믿음이 없이는 하나님을 기쁘시게 하지 못하나니 하나님께 나아가는 자는 반드시 그가 계신 것과 또한 그가 자기를 찾는 자들에게 상 주시는 이심을 믿어야 할지니라

(강의 시 "CGT 구분동작" PPT자료 제공)

Memo

2) ♪ 죄인들을 위하여

1절) 죄인들을 위하여/ 주님 찾아 오셨네/ 주 안에/ 생명이 있네
죄인들을 위하여/ 주님 찾아 왔으나/ 사람들/ 영접 안 했네
후렴) 예수 안에/ 생명 있네/ 주님이 빛이 되시네
예수 안에/ 생명 있네/ 주님이 빛이 되시네
2절) 주님/ 영접하는 자/ 하나님의 자녀요/ 주 안에/ 생명이 있네
주님 앞에/ 오시오 어서 빨리 오시오/ 주 안에/ 생명이 있네

1 절) 죄인들을 위하여
주님 찾아 오셨네
주 안에
생명이 있네 죄인들을 위하여
주님 찾아 왔으나
사람들
영접 안 했네

(후렴)
예수 안에
생명이 있네
주님이
빛이 되시네
예수 안에
생명이 있네
주님이
빛이 되시네

2 절) 주님
영접하는 자 하나님의 자녀요
주 안에
생명이 있네
주님 앞에
오시오
어서 빨리 오시오
주 안에
생명이 있네

Memo

CGT에 의한 성경이해 적용

적용 1. 신구약 성경전체의 대표성구(요 3:16)

(요 3:16)
하나님이 세상을 이처럼 사랑하사
독생자(JX)를 주셨으니
이는 그를 믿는 자(영접)마다
멸망(불신자)하지 않고
영생(신자)을 얻게 하려 하심이라

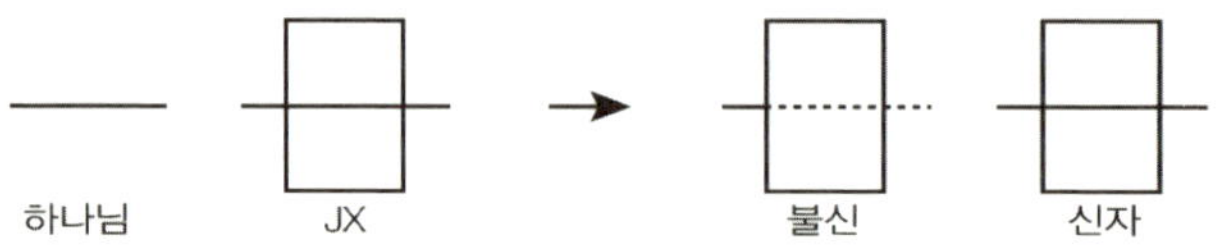

(요 3:16)
하나님이
세상을 이처럼
사랑하사
독생자(JX)를
주셨으니
이는 그를
믿는 자(영접)마다
멸망(불신자)하지
않고
영생(신자)을 얻게
하려 하심이라

Memo

적용 2. 사랑과 의와 영이신 하나님과의 관계(요일 4:10-16)

(요일 4:16) 하나님이 우리를 사랑하시는 사랑을 우리가 알고 믿었노니 하나님은 사랑이시라 사랑 안에 거하는 자는 하나님 안에 거하고 하나님도 그의 안에 거하시느니라

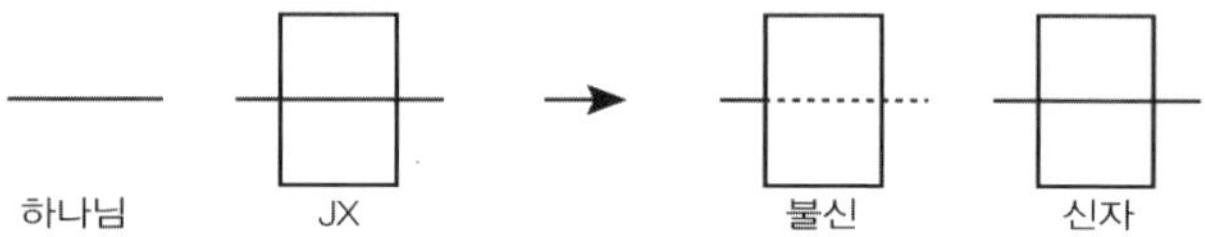

(요일 4:16)

하나님이

우리를

사랑하시는

사랑을

우리가 알고

믿었노니

하나님은

사랑이시라

사랑 안에

거하는 자는

하나님 안에

거하고

하나님도

그의 안에

거하시느니라

(요일 4:10) 사랑은 여기 있으니 우리가 하나님을 사랑한 것이 아니요 하나님이 우리를 사랑하사 우리 죄를 위하여 화목 제물로 그 아들을 보내셨음이라

Memo

(요 4:11) 사랑하는 자들아 하나님이 이같이 우리를 사랑하셨은즉 우리도 서로 사랑하는 것이 마땅하도다

(요일 4:10)

사랑은
여기 있으니

우리가 하나님을
사랑한 것이 아니요

하나님이

우리를 사랑하사
우리 죄를 속하기 위하여

화목 제물로

그 아들을
보내셨음이라

사랑하는 자들아

하나님이

이같이
우리를 사랑하셨은즉

우리도

서로

사랑하는 것이
마땅하도다

Memo

(요일 4:12) 어느 때나 하나님을 본 사람이 없으되 만일 우리가 서로 사랑하면 하나님이 우리 안에 거하시고 그의 사랑이 우리 안에 온전히 이루어지느니라

(요일 4:12)

어느 때나

하나님을

본 사람이 없으되

만일 우리가

서로

사랑하면

하나님이

우리 안에

거하시고

그 사랑이

우리 안에 온전히

이루어지느니라

Memo

(요일 4:13) 그의 성령을 우리에게 주시므로 우리가 그 안에 거하고 그가 우리 안에 거하시는 줄을 아느니라

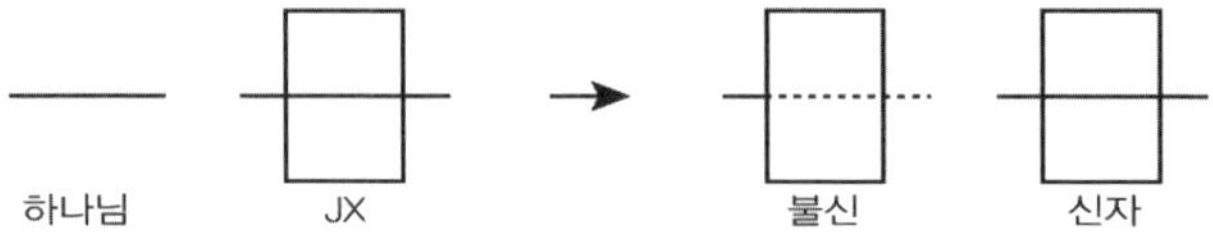

그의 성령을 — 우리에게
주시므로
우리가

그 안에 거하고
그가 — 우리 안에
거하시는 줄을
아느니라

(4:14-15) 아버지가 아들을 세상의 구주로 보내신 것을 우리가 보았고 또 증거하노니 누구든지 예수를 하나님의 아들이라 시인하면 하나님이 그의 안에 거하시고 그도 하나님 안에 거하느니라

아버지가 아들을
세상의 구주로
보내신 것을 — 우리가 보았고
또 증거하노니

누구든지

예수를 하나님의
아들이라 시인하면

하나님이 — 그의 안에 거하시고
그도

하나님 안에 거하느니라

Memo

이제 요일 4:16을 CGT에 의해, 즉 성령의 매는 줄에 꿰어져있음을 확인하고 읽어 보라.

당신은 하나님의 사랑을 실감할 것이다. 하나님은 당신 안에 계시며 당신을 사랑하신다. 당신도 당신을 사랑하시는 하나님 안에 있음을 알 것이다. 꿰지지 않은 (믿음 없는) 사랑은 거짓사랑이다. 당신을 사랑하시는 하나님을 어떻게 믿음 없이 기쁘시게 할 수 있는가? 하나님의 말씀을 **'흩어진 구슬'**처럼 읽지 말고, **'성령의 매는 줄'**을 따라 읽으라.

(요일 4:16)
하나님이(G)
우리를 사랑하시는 사랑을(JX)
우리가 알고 믿었노니(F)
하나님은 사랑이시라(G)
사랑 안에 거하는 자는(F)
하나님 안에 거하고(G)
하나님도 그의 안에 거하시느니라(E)

Memo

CGT에 의한 성경이해 연습

***CGT에 따라 구분해 보고, 왜?(Why)라는 질문을 해 보아라. 그리고 CGT를 따라 그 의미를 답해 보라.**

연습 1. 영생

1) 영생은 하나님의 선물이다

(엡 2:8-9)
너희가(E-영생)
그(G-하나님)
은혜에 의하여(JX-예수 그리스)
믿음으로 말미암아(F-믿음)
구원을 받았으니(E)

이것은(E)
너희에게서 난 것이 아니요(D-멸망)
하나님의 선물이라(E)

행위에서 난 것이 아니니(D)
이는 누구든지 자랑하지 못하게 함이라(E)

2) 영생은 하나님이 그리스도를 통해서 우리에게 주신 것이다

(요 3:16)
하나님이 세상을 이처럼 사랑하사(G)
독생자를 주셨으니(JX)
이는 그를 믿는 자마다(F)

Memo

멸망하지 않고(D)
영생을 얻게 하려 하심이라(E)

3) 영생은 예수 그리스도를 믿음으로 얻는다

(요 3:36)
아들을(JX)
믿는 자에게는(F)
영생이 있고(E)
아들에게(JX)
순종하지 아니하는 자는(D)
영생을 보지 못하고(D)
도리어 하나님의 진노가 그 위에 머물러 있느니라(D)

4) 영생을 얻은 자는 죄 사함을 받고 새로운 피조물이 되었다

(골 1:13-14)
그가(G)
우리를 흑암의 권세에서 건져내사(D)
그의 사랑의 아들의 나라로 옮기셨으니(E)
그 아들(JX)
안에서(F)
우리가 속량 죄 사함을 얻었도다(E)

(고후 5:17)
그런즉 누구든지(D)
그리스도(JX)

Memo

안에 있으면 (F)
새로운 피조물이라(E)
이전 것은 지나갔으니(D)
보라 새 것이 되었도다(E)

5) 영생은 그리스도가 내 안에 계심이다

(요일 5:11-12)
또 증거는 이것이니(JX) 하나님이(G)
우리에게(D)
영생을 주신 것과(E)
이 생명이(E)
그의 아들 안에 있는 그것이니라(JX)
아들이 있는 자에게는(JX)
생명이 있고(E)
하나님의 아들이 없는 자에게는(D)
생명이 없느니라(D)

6) 영생은 영원한 생명이다

(요 5:24)
내가 진실로 진실로 (JX)
너희에게 이르노니(D)
내 말을 듣고(JX)
또 나 보내신 이를(G)
믿는 자는(F)
영생을 얻었고(E)

Memo

심판에 이르지 아니하나니(D)
사망에서(D)
생명으로 옮겼느니라(E)

7) 영생은 저 세상에서도 살고, 이 세상에서도 죽지 않는 생명이다

(요 11:25-26)
예수께서 가라사대 나는 부활이요 생명이니(JX)
나를 (JX)
믿는 자는(F)
죽어도 살겠고(E)
무릇 살아서(E)
나를 믿는 자는(F)
영원히 죽지 아니하리니 이것을 네가 믿느냐(E)

8) 영생은 아무도 빼앗지 못한다

(요 10:28-29)
내가(JX)
그들에게 영생을 주노니(E)
영원히 멸망하지 아니할 것이요(E)
또 그들을 내 손에서 빼앗을 자가 없느니라(JX)
그들을 주신 내 아버지는 만물보다 크시매 아무도 아버지 손에
서 빼앗을 수 없느니라(G)

Memo

9) 영생은 참된 생명이다

(딤전 6:19)
이것이(E)
장래에 자기를 위하여 좋은 터를 쌓아 참된 생명을 취하는 것
이니라(E)

10) 영생은 하나님과 예수 그리스도를 아는 것이다

(요 17:3)
영생은(E)
곧 유일하신 참 하나님과(G)
그의 보내신 자 예수 그리스도를 아는 것이니이다(JX)

11) 영생이 있음을 알게 하기 위하여 성경을 썼다

(요일 5:13)
내가(E)
하나님의 아들의 이름을(JX)
믿는 너희에게(E)
(이것을 쓰는 것은)
너희로 하여금 너희에게 영생이 있음을 알게 하려 함이라(E)

Memo

연습 2. 침례

(롬 6:3-4)
무릇 그리스도 예수와(JX)
합하여 침례를 받은(F) 우리는(E) 그의 죽으심과(JX)
합하여 침례를 받은 줄을 알지 못하느냐(F)
그러므로 우리가(E)
그의 죽으심과(JX)
합하여 침례를 받음으로(F)
그와 함께 장사되었나니(E)
이는 아버지의 영광으로 말미암아(G)
그리스도를 죽은 자 가운데서 살리심과 같이(JX)
우리로 또한 새 생명 가운데서 행하게 하려 함이라(E)

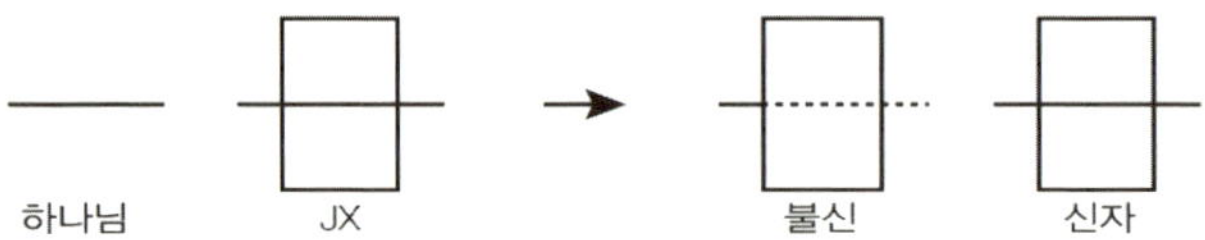

(롬 6:3-4)
무릇 그리스도 예수와
합하여
침례를 받은 우리는
그의 죽으심과
합하여
침례를 받은 줄을 알지 못하느냐
그러므로 우리가
그의 죽으심과
합하여
침례를 받음으로
그와 함께 장사되었나니
이는 아버지의
영광으로 말미암아
그리스도를 죽은 자 가운데서
살리심과 같이
우리로
또한 새 생명
가운데서 행하게
하려 함이라

Memo

(요일 5:6-8)
이는 물과 피로 임하신 이시니(JX)
곧 예수 그리스도시라(JX)
물로만 아니요 물과 피로 임하셨고(JX)
증거하는 이는 성령이시니 성령은 진리니라(G)
증거하는 이가 셋이니 성령과 물과 피라 또한 이 셋이 합하여 하나이니라
(교회의 맥: 물〈침례: 회개/연합〉과 피〈십자가의 대속의 보혈: 희생〉와 성령)

(엡 4:2-3) 모든 겸손과 온유로 하고 오래 참음으로 사랑 가운데서 서로 용납하고(E) 평안의 매는 줄로 성령의 하나 되게 하신 것을 힘써 지키라(E)

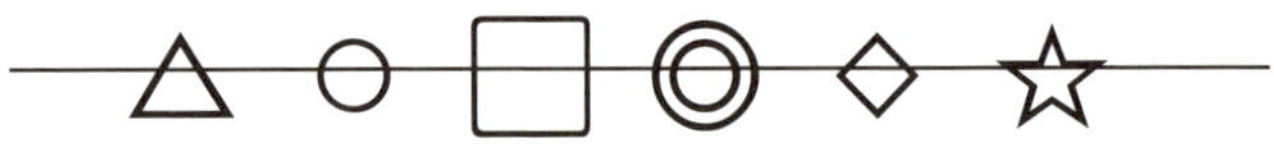

연습 3. 교회(*교회의 사명: 예배, 교제, 교육, 봉사, 전도)

1) 교회는 예수 그리스도 안에서 지어져 간다.

(엡 2:20-22)
너희는(E)
사도들과 선지자들의 터 위에(JX)
세우심을 입은 자라(E)
그리스도 예수께서 친히 모퉁잇돌이 되셨느니라(JX)
그의(JX) 안에서(JX)
건물마다(E)

Memo

서로 연결하여 (E)
주(JX) 안에서(F)
성전이 되어 가고(E)
너희도 성령 안에서(E)
하나님의 거하실 처소가 되기 위하여(E)
예수(JX) 안에서(F)
함께 지어져 가느니라(E)

2) 주님의 대헌장과 지상명령

(마 22:37-40)
예수께서 가라사대 네 마음을 다하고 목숨을 다하고 뜻을 다하여(헌신: 절대조건)
주 너의 하나님을 사랑하라 하셨으니(**예배**[붙드심]: 하나님 사랑)
이것이 크고 첫째 되는 계명이요 둘째도 그와 같으니 네 이웃을 네 몸과 같이 사랑하라 하셨으니(**섬김**[쓰임]: 이웃사랑)
이 두 계명이 온 율법과 선지자의 강령이니라

(마 28:19-20)
그러므로 너희는 가서 모든 민족을 제자로 삼아(**전도**)
아버지와 아들과 성령의 이름으로 침례를 주고(**교제**: 가족)
내가 너희에게 분부한 모든 것을 가르쳐 지키게 하라(**교육**: 믿음)
볼지어다 내가 세상 끝날까지 너희와 항상 함께 있으리라 하시니라(Immanuel)

Memo

연습 4. 쓰임

(롬 6:12-13) 그러므로 너희는 죄가 너희 죽을 몸을 지배하지 못하게 하여 몸의 사욕을 순종하지 말고 또한 너희 지체를 불의의 무기로 죄에게 내주지 말고 오직 너희 자신을 죽은 자 가운데서 다시 살아나 자 같이 하나님께 드리며 너희 지체를 의의 무기로 하나님께 드리라

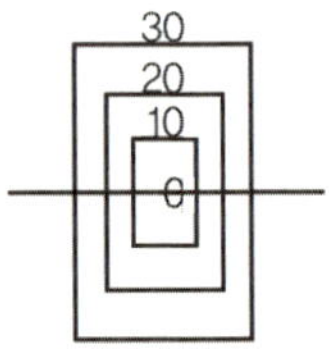

쓰임:성령을 좇음(30→0)

육신과 세상을 좇음(×)

연습 5. 섬김

(막 10:43-45) 너희 중에는 그렇지 않을지니 너희 중에 누구든지 크고자 하는 자는 너희를 섬기는 자가 되고 너희 중에 누구든지 으뜸이 되고자 하는 자는 모든 사람의 종이 되어야 하리라 인자의 온 것은 섬김을 받으려 함이 아니라 도리어 섬기려 하고 자기 목숨을 많은 사람의 대속물로 주려 함이니라

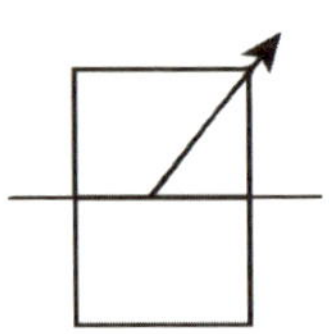

샘물(생수)

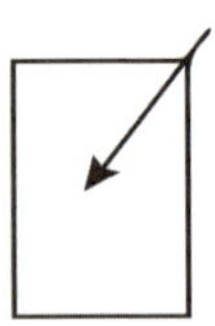

웅덩이(건수)

Memo

연습 6. 전도

(행 1:8) 오직 성령이 너희에게 임하시면 너희가 권능을 받고 예루살렘과 온 유대와 사마리아와 땅 끝까지 이르러 내 증인이 되리라 하시니라

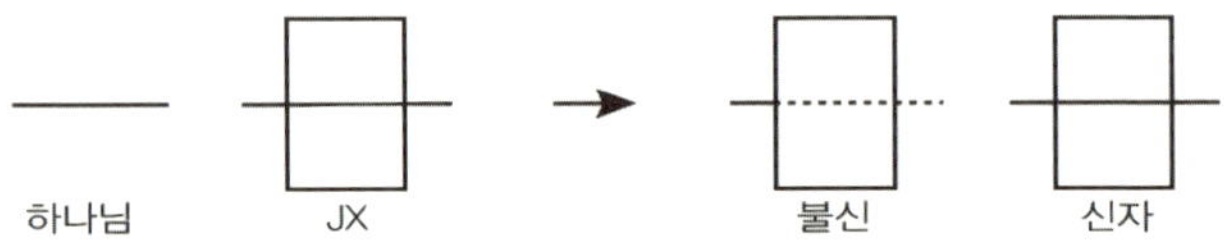

오직 성령이

너희에게 임하시면
너희가 권능을 받고
예루살렘과
온 유대와 사마리아와
땅 끝까지 이르러
내
증인이 되리라
하시니라

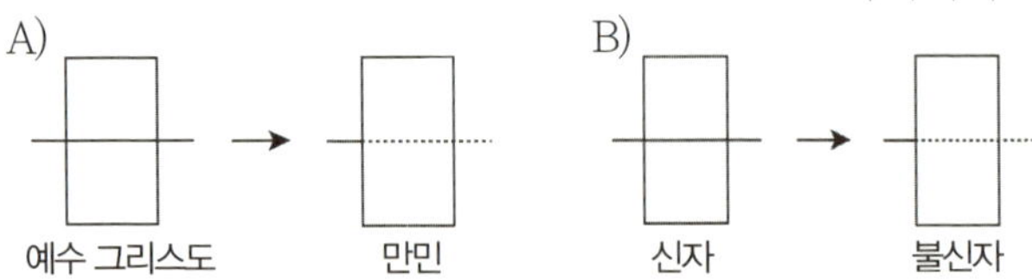

* **요한복음 3:16 순서에 따른 전도의 의미 이해**

1) 하나님이 세상을 이처럼 사랑하사
2) 독생자를 주셨으니
3) 이는 저를 믿는 자마다
4) 멸망치 않고
5) 영생을 얻게 하려 하심이라

Memo

1) 하나님이 원하시는 일이다: "하나님이 세상을 이처럼 사랑하사"

(눅 15:24) 이 내 아들은 죽었다가 다시 살아났으며 내가 잃었다가 다시 얻었노라 하니 저희가 즐거워하더라

2) 예수님이 오신 목적과 명령이다: "독생자를 주셨으니"

① 예수님께서 오신 목적이다

(막 1:38-39) 이르시되 우리가 다른 가까운 마을들로 가자 거기서도 전도하리니 내가 이를 위하여 왔노라 하시고 이에 온 갈릴리에 다니시며 저희 여러 회당에서 전도하시고 또 귀신들을 내어 쫓으시더라

② 주님의 지상명령이다

(마 28:19-20) 그러므로 너희는 가서 모든 민족을 제자로 삼아 아버지와 아들과 성령의 이름으로 침례를 베풀고 내가 너희에게 분부한 모든 것을 가르쳐 지키게 하라 볼지어다 내가 세상 끝날까지 너희와 항상 함께 있으리라 하시니라

3) 믿는 사람이 성령받은 증거이다: "이는 저를 믿는 자마다"

(행 1:8) <u>오직 성령이 너희에게 임하시면</u> 너희가 권능을 받고 예루살렘과 온 유대와 사마리아와 땅 끝까지 이르러 내 증인이 되리라 하시니라

4) 죄인이 하나님께 나아가 하나님을 경험케 하는 것이다: "멸망치 않고"

① 죄인(멸망할 자)을 (하나님)께 나아가게 하는 것이다

(요 14:6) 예수께서 가라사대 내가 곧 길이요 진리요 생명이니 나로 말미암지 않고는 아버지께로 올 자가 없느니라

Memo

② 죄인이 구원 받고 경험한 (예수)체험을 전하는 것이다

(요 9:25) 대답하되 그가 죄인인지 내가 알지 못하나 한 가지 아는 것은 내가 맹인으로 있다가 지금 보는 그것이니이다

5) 영생의 삶을 살게 하는 것이다: "영생을 얻게 하려 하심이라"

① 그리스도의 사랑을 전한다

(고후 5:14-15) 그리스도의 사랑이 우리를 강권하시는도다 우리가 생각건대 한 사람이 모든 사람을 대신하여 죽었은즉 모든 사람이 죽은 것이라 그가 모든 사람을 대신하여 죽으심은 살아 있는 자들로 하여금 다시는 그들 자신을 위하여 살지 않고 오직 저희를 대신하여 죽었다가 다시 살아나신 이를 위하여 살게 하려 함이라

② 빚 진자의 마음으로 섬긴다

(롬 1:14) 헬라인이나 야만이나 지혜 있는 자나 어리석은 자에게 다 내가 빚진 자라

③ 하늘의 복과 상급을 바란다

(단 12:3) 지혜 있는 자는 궁창의 빛과 같이 빛날 것이요 많은 사람을 옳은 데로 돌아오게 한 자는 별과 같이 영원토록 빛나리라

Memo

연습 7. 누가 진짜인가?

당신은 정말 예수님을 아십니까? (예수 논쟁)

요한복음 8:12 이하부터는 유대인과 예수님 사이에 진짜 예수에 대한 논쟁이 일고 있었다. 예수님은 자신이 신성과 인성을 가지신 분으로서 사실대로 말씀하고 계셨음에도 불구하고 유대인들은 예수님을 믿지 않았다.

다음 질문들에 대해서 CGT에 의하여 이해해 보자.

(요 8:12) 예수께서 또 말씀하여 이르시되 나는 세상의 빛이니 나를 따르는 자는 어둠에 다니지 아니하고 생명의 빛을 얻으리라

1) 예수님( )은 왜 세상의 빛이며, 생명의 빛인가?
2) 예수님을 따르지 않는 사람( )은 왜 어두움에 있는가?

(요 8:14, 21) 예수께서 대답하여 이르시되 내가 나를 위하여 증언하여도 내 증언이 참되니 나는 내가 어디서 오며 어디로 가는 것을 알거니와, 너희는 내가 어디서 오며 어디로 가는 것을 알지 못하느니라

3) 목자 되신 예수님( )은 그가 어디서 오며 어디로 가는지를 아신다. 저들( )은 예수님이 어디서 오며 어디로 가는지를 몰랐다. 과연 당신은 '당신의 인생이 어디서 왔다가 어디로 가는지'를 알고 있는가? 그 이유는 무엇 때문인가?

Memo

(요 8:19) 이에 그들이 묻되 네 아버지가 어디 있느냐 예수께서 대답하시되 너희는 나를 알지 못하고 내 아버지도 알지 못하는도다 나를 알았더면 내 아버지도 알았으리라

4) 예수님( )은 하나님을 열심히 믿는 유대인들( )에게 왜 "너희는 나를 알지 못하고 (나를 보내신) 내 아버지도 알지 못한다"고 말씀하셨는가?

5) 당신은 예수님을 믿지 않는 상태에서 '하나님을 알고, 그분을 나의 아버지라 부를 수 있다'고 생각하는가?

(요 8:28) 이에 예수께서 이르시되 너희가 인자를 든 후에 내가 그인 줄을 알고 또 내가 스스로 아무 것도 하지 아니하고 오직 아버지께서 가르치신 대로 이런 것을 말하는 줄도 알리라

6) 이 땅에 오셔서 말씀하신 예수님( )이 하나님이신 것과 그의 가르치심이 하나님의 가르침이었다는 것을 아는 때는 언제인가? 이에 대하여 예수님은 '인자가 들린 후에' 즉 우리 죄를 위하여 대신 '십자가에 달리신 후에' 예수님이 하나님이신 것을 알게 될 것을 말씀하셨다.

당신은 죄에 대한 회개와 믿음 없이도 '예수를 믿는다'고 말하는 사람을 안다면, 그 사람이 구원을 받은 것으로 여기는가?

당신은 당신의 죄로 십자가에 달리신 주님 앞에 회개하고 그 분을 마음에 구주로 모셔야 한다. 구원을 위해서 회개와 믿음은 둘 다 꼭 필요한가?

Memo

(요 8:31-32) 그러므로 예수께서 자기를 믿은 유대인들에게 이르시되 너희가 내 말에 거하면 참으로 내 제자가 되고 진리를 알지니 진리가 너희를 자유롭게 하리라

7) 예수님의 제자( )는 예수님을 모신 사람이니 그 말씀에 거하고 그의 말씀( ) 안에서 자유가 있다.

8) 육신의 소욕을 ( ) 따르지 않고, 예수 그리스도( ) 안에서 자유를 누린다. 육신의 소욕을 따르면 오히려 감옥( )이다. 유대인의 마음에는 주님의 말씀이 있을 곳이 없음으로 그들은 (육신의 소욕에 따라) 예수님을 죽이려 한다고 주님은 말씀하셨다.

당신에게 자유가 있는가?
당신은 '당신 마음'대로 해야 자유한가? '하나님 말씀'대로 해야 자유한가?

(요 8:42) 예수께서 가라사대 하나님이 너희 아버지였으면 너희가 나를 사랑하였으리니 이는 내가 하나님께로 나와서 왔음이라 나는 스스로 온 것이 아니요 아버지께서 나를 보내신 것이니라

9) 당신이 믿는 여호와 하나님( )이 당신의 아버지라면 당신은 예수님( )을 사랑한다. 예수 안에 계신 하나님 아버지가 당신 안에도 계시는가?

(요 8:41) 너희는 너희 아비가 행한 일을 하는도다 대답하되 우리가 음란한 데서 나지 아니하였고 아버지는 한 분뿐이시니 곧 하나님이시로다

Memo

10) 예수님과 논쟁을 벌이고 있던 유대인들은 "우리가 음란한데서 나지 아니하였고 아버지는 한 분뿐이시니 곧, 하나님이시로다"라고 자신 있게 당당하게 말했었다. 당시 유대인들처럼, 예수님 없이 "나는 하나님이 한 분인 것을 믿습니다"라고 말한다면 그 사람은 과연 하나님을 사랑하는 자일까?

(요 8:44, 48, 58-59) 너희는 너희 아비 마귀에게서 났으니 너희 아비의 욕심대로 너희도 행하고자 하느니라 그는 처음부터 살인한 자요 진리가 그 속에 없으므로 진리에 서지 못하고 거짓을 말할 때마다 제 것으로 말하나니 이는 저가 거짓말쟁이요 거짓의 아비가 되었음이니라, 유대인들이 대답하여 이르되 우리가 너를 사마리아 사람이라 또는 귀신이 들렸다 하는 말이 옳지 아니하냐, 예수께서 이르시되 진실로 진실로 너희에게 이르노니 아브라함이 나기 전부터 내가 있느니라 하시니 그들이 돌을 들어 치려 하거늘 예수께서 숨어 성전에서 나가시니라

11) 예수님은 유대인들에게 '너희는 너희 아비 마귀에게서 났다'고 말했다. 마귀의 속성을 따라서 거짓을 말한다고 하셨다. 이에 유대인들은 예수님을 '사마리아 사람'이고 '귀신이 들렸다'고 비방했다. 그리고 네가 아직 오십 세도 못되었는데 어떻게 '아브라함을 보았느냐'며 묻자, 예수님은 "진실로 진실로 너희에게 이르노니 아브라함이 나기 전부터 내가 있었느니라"고 말씀하셨다.

누구의 말이 진짜인가? 그 시각차이는 무엇에 근거한 것인가?

Memo

12) 이에 저들은 논쟁을 더 이상 참지 못하고 돌을 들어 예수님을 치려하였고 예수님은 성전을 나가셨다.

당신은 저들과의 논쟁에서 누구의 말이 진실이라고 생각하는가?

이상 질문들에 대해서 예수님(□)을 구주로 영접하면 이 모든 질문에 당신은 바른 해답을 얻을 수가 있다.

예수님의 신성과 인성을 보이는 Gospel Track(□)을 사용하면 영생의 말씀을 이해하는데 큰 도움이 될 것이다.

Memo

4장 冬

CGT에 의한 성경이해 원리

가스펠 트랙(Gospel Track)은 '복음을 이해하는 길'을 뜻한다. Track은 선로, 궤도, 경기에서 경주로, 디스크나 녹음 테이프의 표면에 기록된 자료의 통로등을 표현할 때 쓰이는 말이다. 복음을 이해하는 길을 도표로 표현했기 때문에 Christ Gospel Track라고 했다. 'CGT'라고 약칭하여 사용하기로 했다.

'CGT'는 예수 그리스도의 신성과 인성을 나타낸 것이기 때문에 복음을 이해하고 삶에 적용하는데 많은 도움이 된다.

CGT의 자세한 도표는 복음서에 나타난 예수 그리스도(인성과 신성)의 생애(삶)를 표현한 것이다. 도표는 아래와 같다.

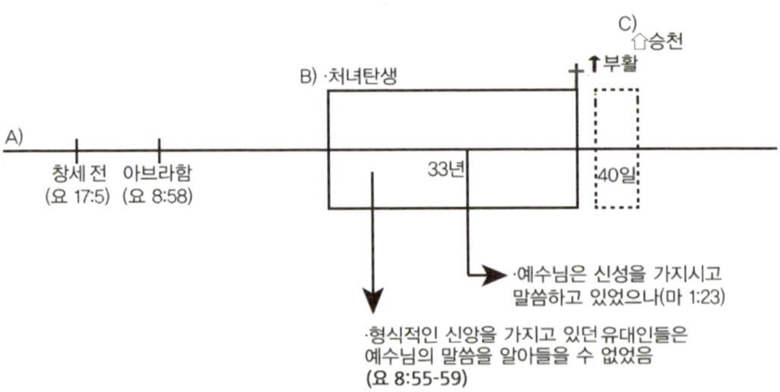

Memo

위 도표에서 네모()는 이 땅에 우리와 똑같은 사람으로 오신 예수님을 설명하기 위하여, 점선 네모()는 죽으시고 부활하셔서 신령한 몸으로 이 땅에 계셨던 예수님을 표현한 것이다.

A→B까지는 창세 전부터 계신 예수님이 동정녀 마리아에게 수태되기까지의 기간이다. 여기까지를 가리켜서 '성부시대'라 한다.

B→C까지는 예수님이 이 땅에 계시던 기간으로 '성자시대'이다.

C 이후는 승천 후 주님이 다시 오시기까지를 표현한 것이며 '성령시대'라 말할 수 있다.

그러니까 예수님은 B→C의 기간 동안만 있었던 분이 아니라 A이전부터 C이후까지 영원하신 하나님이시다(히 13:8).

신성과 인성을 동시에 가지고 오신 예수님에 대해서 복음서는 예수님이 하나님이시며 성령의 역사로 사람이 되어 오셨음(마 1:18)을, 요한복음에서는 말씀이 육신이 되어 오셨음(요 1:14)을, 서신서는 하나님의 본체가 사람들과 같이 되었음(빌 2:6-7)을 말하고 있다.

따라서 '성령님', '말씀', '하나님'은 동일하신 예수님으로 영원하시다. 하나님을 영이요, 빛이요, 사랑이라고 말할 때, 예수 안에 있는 하나님을 성령, 빛, 사랑이라고 말한다(마 1:18; 요 8:12; 요일 4:16).

위의 도표, 즉 "하나님이 사람으로 오신 예수 그리스도의 생애에 대한 도표"를 간략하게 표시하면,

(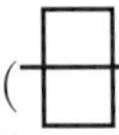)로 표현할 수 있다. 이것이 "성경이해 황금열쇠(CGT)" 즉 성경이해 마스터 키이다.

Memo

Memo

Memo